ISBN 978-3-649-61843-0

Hafenweg 30, 48155 Münster, Germany
Redaktion: Dagmar Becker
Textsatz: Thomas Wolters, Inter[net]litho

Printed in Slovakia

www.coppenrath.de

Katja Reider

Das kleine Glück
kommt nicht allein

Mit Illustrationen von Günther Jakobs

COPPENRATH

Verzeihung, darf ich kurz stören?
Nebenan wartet jemand!
Wer? – Oh, nur das kleine Glück!

Ach, das passt jetzt nicht so gut?
Ob es eventuell später
wiederkommen kann?
Zu einem festen Termin?

Tja, das ist schwierig,
das kleine Glück ist etwas, nun,
sprunghaft!

Dabei ist es eigentlich immer da.
Wenn man nur häufiger einfach
zugreifen würde.

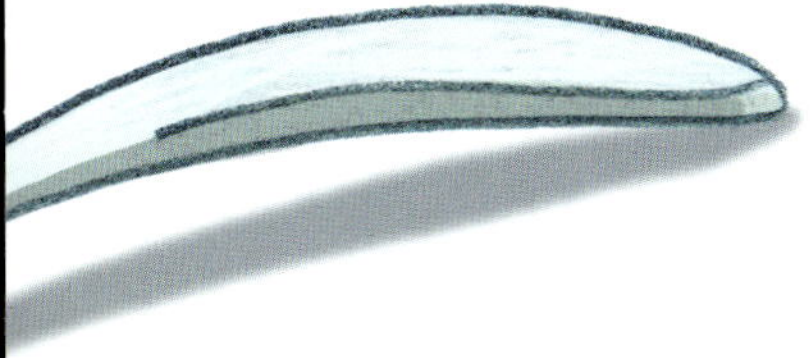

Denn sieht man etwas genauer hin,
hat das kleine Glück einiges zu
bieten und bringt gerne noch
Verwandte und Freunde mit:

Da wäre zum Beispiel die ruhige Minute...

…, der warme Sonnenstrahl,

die nette Überraschung,

das kleine Kompliment,

die süße Sünde

und der zärtliche Moment.

Allesamt noch kleiner als das kleine Glück. Was leicht dazu führt, dass man sie übersieht!

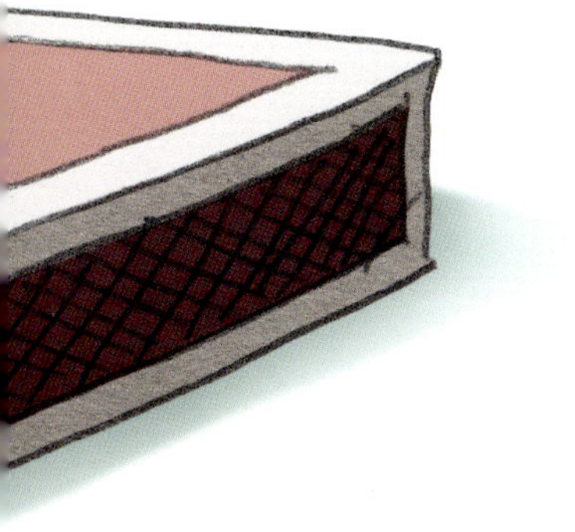

Manchmal wächst das kleine Glück,
es wird zum großen Glück!

Und manchmal geschieht ein Wunder:

Das Glück verdoppelt sich, wenn man es teilt!

Nicht zu übersehen ist
Cousine Euphoria.

Immer in Hochstimmung, die Gute,
wenn auch ziemlich verrückt.

Nun, sie pflegt nicht lange zu bleiben.

Ähnlich wie Großtante Fortuna:
Die ist stets nur auf der Durchreise
und völlig unberechenbar.

Verheerend für alle, die versuchen,
sie zum Verweilen zu zwingen!

Eine sehr gute Freundin des kleinen
Glücks ist die kleine Auszeit ...

Die hat so ein herrlich handliches Format!

Man muss sie sich nur nehmen
... was vielen schwerfällt.

Schade!
Denn die kleine Auszeit und das kleine Glück trifft man meistens zusammen an.

Doch – wie schön! – das kleine Glück weiß recht gut, auf sich aufmerksam zu machen.

Und bittest du es erst mal herein …

Dann kommt das kleine Glück

gewiss nicht allein!